Tommasino è un giovane ragazzo appassionato di scienza e, in particolare, dei dinosauri. Fin da piccolo, ha coltivato un amore profondo per queste affascinanti creature preistoriche, passando intere giornate a leggere libri, guardare documentari e collezionare modellini di dinosauri.

La sua stanza è un vero e proprio museo, con scaffali pieni di libri di paleontologia, repliche di scheletri di dinosauri e mappe dettagliate delle epoche preistoriche. Tommasino ha un'infinita curiosità e sete di conoscenza, e ha accumulato una vasta conoscenza sui diversi tipi di dinosauri, le loro caratteristiche, il loro comportamento e l'habitat in cui vivevano.

La passione di Tommasino per i dinosauri lo ha reso un vero esperto del settore. Le sue conversazioni animate su questi affascinanti animali possono durare ore, durante le quali condivide le sue conoscenze con entusiasmo e precisione. Tommasino è diventato una sorta di "dinosaurologo" nel suo cerchio di amici e familiari, e spesso viene consultato per informazioni sui dinosauri o per organizzare appassionanti discussioni sul tema.

La sua avventura nella Terra dei Dinosauri durante l'era Jurassica è il sogno che si avvera per Tommasino.

Essere in grado di camminare tra le stesse creature che ha studiato per anni e vedere i dinosauri con i suoi occhi è qualcosa che va oltre ogni immaginazione.

Tommasino è un personaggio affascinante e appassionato, con una mente curiosa e una volontà inarrestabile di esplorare e scoprire.

La sua conoscenza approfondita dei dinosauri lo guiderà attraverso avventure incredibili e gli darà la forza di affrontare le sfide che incontrerà nella Terra dei Dinosauri.

La sua passione per i dinosauri non si ferma solo alla teoria, ma si traduce anche in pratiche esplorative.

Tommasino ama fare escursioni in aree ricche di reperti fossilizzati, partecipare a campi estivi di paleontologia e visitare musei in tutto il mondo per studiare da vicino i fossili e i reperti di dinosauri.

Tommasino e il viaggio magico

Tommasino, un ragazzo appassionato di dinosauri, è sdraiato sul suo letto con un libro aperto sul petto.

La stanza è illuminata da una lampada da tavolo e i muri decorati con poster di dinosauri.

Tommasino è intento nella lettura, immerso nelle pagine piene di informazioni sui suoi animali preistorici preferiti, quando il libro scivola lentamente dalle sue mani e i suoi occhi diventano pesanti.

Il libro si chiude lentamente, come se avesse una vita propria ed una luce misteriosa lo avvolge, come se qualcosa di magico stesse per accadere.

Dove sono finito?

Tommasino si sveglia in un luogo sconosciuto e guarda intorno a sé con occhi sbarrati.

Il suolo è ricoperto di felci giganti, alberi altissimi si ergono verso il cielo e si sentono strani suoni in lontananza.

Tommasino: "Dove sono finito?

Questo sembra un mondo completamente diverso!"

Inizia così ad esplorare, un po' spaventato ma allo stesso tempo incuriosito, i dintorni.

Si incammina seguendo quegli strani suoni che provengono da molto lontano.

Più si avvicina a quegli strani suoni e più Tommasino non riesce a credere ai suoi occhi.

Quello che scorge in lontananza sono proprio creature preistoriche.

Camminando, Tommasino si trova nel bel mezzo di una radura e sente un suono tonante.

Guardando verso l'alto, vede un enorme collo che emerge tra le fronde degli alberi.

Tommasino: "Wow, cos'è quella creatura gigantesca?"

Mentre il Brachiosauro si avvicina, Tommasino rimane affascinato dalla sua maestosità.

Tommasino decide di essere prudente e non avvicinarsi molto.

Il rifugio sicuro

Avendo letto centinaia di libri e guardato moltissimi documentari riguardanti i dinosauri, ricorda che la cosa migliore da fare in questi casi, è sempre quella di trovare un rifugio sicuro.

Camminando per un po' scorge un rifugio abbandonato.

Tommasino: "Sicuramente qualcuno prima di me è stato in questo posto!"

Quindi da buon esploratore inizia a crearsi dei punti di riferimento per tornare facilmente al nascondiglio.

Tommasino sta attraversando il bosco quando sente uno stridio agghiacciante provenire da dietro di lui.

Si volta e vede un Velociraptor che lo sta inseguendo a tutta velocità.

Tommasino: "Devo riuscire a raggiungere il mio nascondiglio senza farmi prendere!"

Si nasconde dietro un grande masso e il Velociraptor fortunatamente gli passa accanto sfiorandolo e non si accorge di lui.

Tommasino quindi corre verso il rifugio sicuro, spaventato e con una gran fame.

Tommasino: "Spero di riuscire a trovare qualcosa da mangiare, perchè sto morendo di fame."

Finalmente al sicuro nel mio rifugio

Finalmente Tommasino è al sicuro nel suo rifugio.

La corsa per sfuggire al velociraptor gli ha messo una gran fame.

Meno male che nel rifugio un grosso albero nel corso del tempo è riuscito ad entrare con i suoi rami pieni di frutto e Tommasino potrà quindi mangiare qualcosa.

Tra un frutto e un altro Tomassino continua a leggere uno dei suoi libri preferiti sui dinosauri che fortunatamente si è ritrovato nello zaino.

Vuole assolutamente capire come sia potuto succedere tutto questo e soprattutto come ritornare a casa.

Quando rilegge un capitolo dell'antico tempio magico dei dinosauri.

Alla ricerca del tempio magico dei dinosauri

Tommasino quindi legge nel libro, scritto da un esperto escursionista tornato dal mondo dei dinosauri, il capitolo riguardante appunto il suo ritorno a casa.

Il famoso esperto infatti, ha scritto nel libro del suo ritorno a casa avvenuto grazie a delle indicazioni trovate in un antico tempio magico dei dinosauri.

Tommasino quindi si incammina alla ricerca di questo tempio antico e magico per cercare di scoprire come ritornare a casa.

La valle dei dinosauri

Camminando alla ricerca del tempio magico, Tommasino sale su una collina e lui stesso non riesce a credere ai suoi occhi.

Decine di dinosauri diversi e lui si trova proprio lì, insieme a loro, tanto da essere in grado di camminare insieme o addirittura di poterli toccare.

Tommasino è senza parole! Si trova insieme alle stesse creature che per anni ha studiato ed amato con tutto se stesso.

Ma ad un certo punto il suo entusiasmo si ferma di colpo, perchè in lontananza scorge una strana struttura.

Tommasino: "Sarà forse il tempio magico?"

Tommasino indossa zaino e binocolo mentre si avventura attraverso la lussureggiante foresta preistorica.

Seguendo le indicazioni del libro si addentra nel sentiero, tra alberi secolari, fronde dense e dinosauri di tutte le specie.

Dopo un'ardua camminata, Tommasino si trova davanti al tanto atteso tempio magico.

Tommasino è entusiasta, ha davvero trovato il tempio magico scritto nel libro!

Tommasino esplora le stanze e i corridoi del tempio, ammirando antiche scritture sui muri e oggetti magici incastonati in altari e scaffali.

La sua curiosità lo spinge sempre più avanti, fino a quando non si imbatte in una stanza centrale, illuminata da una luce dorata che emana una sensazione di potere magico.

Su una delle pareti, trova scolpita una mappa con un punto finale di arrivo identificato con un cerchio di luce.

I suoi occhi si illuminano di emozione mentre trascrive la mappa su una delle pagine del suo libro .

Tommasino: "Adesso posso tornare a casa!"

Un passaggio al volo..

Tommasino era un po' demoralizzato perchè il punto per tornare a casa indicato sulla mappa era davvero lontano da raggiungere.

Ad un certo punto, mentre camminava in una radura aperta, vede arrivare in lontananza in cielo un gruppo di pterodattili volanti.

A Tommasino viene in mente un'idea un po' matta.

Tommasino: "E se con la mia corda mi aggrappassi ad uno pterodattilo per farmi dare un passaggio?"

Il piano era un po' strano ma poteva funzionare, quindi Tommasino decise di afferrare la corda e con abilità, lanciandosi in aria e riuscì ad acchiappare uno pterodattilo, iniziando così a volare. L'aria fredda gli sferza il viso mentre sorride di gioia durante questo emozionante volo sopra il mondo dei dinosauri.

Il punto indicato sulla mappa era vicino e a Tommasino non rimaneva che trovare uno spazio per "atterrare".

Non aveva però calcolato che l'atterraggio non sarebbe stato morbido.

Infatti una volta trovato uno spazio si lasciò andare dalla corda e atterrò duramente sulla terrà.

Le lacrime scorrevano fuori dagli occhi a fiumi e il dolore alle gambe era tanto, ma la voglia di arrivare al punto indicato sulla mappa non faceva pensare a nulla di tutto ciò.

Tommasino era determinato a scoprire cosa ci fosse in quel punto e se davvero sarebbe riuscito a ritornare a casa.

Finalmente il cerchio di luce

Dopo aver affrontato molte avventure e superato grandi sfide, Tommasino arriva finalmente al punto indicato sulla mappa.

Qui, si trova di fronte a un cerchio di luce magica che si apre davanti a lui.

Con un misto di emozione e nostalgia, Tommasino prende coraggio e attraversa il cerchio.

Una luce abbagliante avvolge Tommasino ...

... mentre si materializza nella sua stanza, di nuovo a casa.

Contento ma con un po' di nostalgia sul viso, guarda intorno a sé, sapendo che il suo viaggio nella Terra dei Dinosauri è stato un'esperienza indimenticabile e che non finirà qui...

Esplora un mondo preistorico di avventure e scoperte!

Continua il viaggio di Tommasino nella Terra dei Dinosauri con i prossimi entusiasmanti capitoli della serie.

Non perdere l'opportunità di vivere nuove emozioni e conoscere creature sorprendenti.

Acquista subito i prossimi volumi e immergiti nel mondo incantato dei dinosauri con Tommasino!

www.ingramcontent.com/pod-product-compliance
Lightning Source LLC
Chambersburg PA
CBHW081130080526
44587CB00021B/3819